à Christine et M

Avec mes plus
fraternelles
salutations

André Burel

le 15 octobre 1996

# Le droit
## à la différence
## à l'heure de
## la globalisation

André Burelle

# Le droit à la différence à l'heure de la globalisation

## Le cas du Québec et du Canada

*Éditions Fides*

MONTRÉAL

«Le droit à la différence et la gestion de l'interdépendance des peuples à l'heure de la mondialisation» a fait l'objet d'une conférence prononcée le 9 mai 1996 au Congrès annuel de l'Association des économistes québécois à Aylmer. «Pour l'invention d'un fédéralisme moderne et partenarial à la canadienne» a été prononcée le 27 janvier 1996 au colloque conjoint de la Société québécoise et de l'Association canadienne de science politique à Ottawa. Le troisième écrit est inédit.

*Données de catalogage avant publication (Canada)*

Burelle, André, 1936-
Le droit à la difféence à l'heure de la globalisation:
le cas du Québec et du Canada

(Les grandes conférences)

ISBN 2-7621-1930-8

1. Droit des peuples à disposer d'eux-mêmes.
2. Souveraineté.
3. Relations internationales.
4. Relations fédérales-provinciales (Canada)
– Québec (Province) – Histoire – Autonomie
et mouvements indépendantistes.
I. Musée de la civilisation (Québec).
II. Titre    III. Collection.

JX4054.B87 1996      320.1'5      C96-941201-0

Dépôt légal: 4ᵉ trimestre 1996
Bibliothèque nationale du Québec
© André Burelle et les Éditions Fides, 1996.

Cet ouvrage est distribué par les Éditions Fides,
165, rue Deslauriers, Saint-Laurent H4N 2S4
tél.: (514) 745-4290, téléc.: (514) 745-4299

Les Éditions Fides bénéficient de l'appui
du Conseil des arts du Canada et
de la Société de développement
des entreprises culturelles du Québec (SODEC).

# AVANT-PROPOS

Des nombreux écrits que j'ai commis depuis un an pour expliquer et concrétiser les idées maîtresses défendues dans mon livre *Le mal canadien*, ce fascicule en réunit trois.

Les deux premiers sont simples à présenter. *Le droit à la différence et la gestion de l'interdépendance des peuples à l'heure de la mondialisation* est une conférence que j'ai prononcée au congrès annuel de l'Association des économistes québécois, à Aylmer, le 9 mai 1996. Quant au deuxième, intitulé *Pour l'invention d'un fédéralisme moderne et partenarial à la canadienne*, il s'agit de la présentation que j'ai faite au colloque conjoint de la Société québécoise et de l'Association canadienne de science politique, à Ottawa, le 27 janvier 1996.

Le troisième texte a pour titre *Quelques réflexions sur les ambiguïtés du nationalisme de Fernand Dumont ou comment formuler au mieux le droit à la différence du Québec d'aujourd'hui*. Ce titre accompagné d'un sous-titre mérite une explication.

*Quelques réflexions sur les ambiguïtés du nationalisme de Fernand Dumont* est né d'une lettre écrite à un lecteur souverainiste qui croyait détecter une nette parenté de pensée entre mon diagnostic sur *Le mal canadien* et les idées exprimées par Dumont dans son livre *Raisons communes*. Cette lettre inédite, je l'ai transformée en article pour les besoins de la présente publication.

J'espère qu'on n'y verra aucune intention polémique. Ce qui m'intéresse en publiant ce texte, c'est de savoir si entre fédéralistes et souverainistes, malgré d'honnêtes divergences de vues, une réflexion et un langage communs demeurent encore possibles sur les notions de peuple, de nation, de nationalisme et de société distincte. Car au lendemain du discours de M. Parizeau attribuant au vote ethnique la défaite de l'option souverainiste au référendum du 30 octobre 1995, il m'apparaît plus urgent que jamais de trouver une façon d'exprimer en termes qui le mettent à l'abri des accusations faciles de tribalisme, de nationalisme ethnique, voire de racisme, le projet, aussi cher à mon cœur qu'à celui de Fernand Dumont, d'un Québec moderne et pluraliste, de langue commune française et de «raisons communes» libérales et démocratiques.

J'ai longuement hésité à publier ces «réflexions» étant donné l'état de santé de M. Dumont et l'impossibilité où il se trouve de réagir à mes propos. Mais le problème dont il traite est d'une importance si cruciale en ces lendemains référendaires que j'ai finalement décidé d'en faire un chapitre du présent fascicule. Je le fais en me disant qu'au bout du compte, la plus haute forme d'hommage qu'on puisse rendre à un penseur de l'envergure de Dumont est d'oser une critique fraternelle et constructive de sa pensée.

I

## LE DROIT À LA DIFFÉRENCE ET LA GESTION
## DE L'INTERDÉPENDANCE DES PEUPLES
## À L'HEURE DE LA MONDIALISATION

Certains se demanderont sans doute ce qu'un philosophe et ex-conseiller constitutionnel de mon espèce peut espérer apporter aux efforts de réflexion d'un groupe d'économistes comme le vôtre. Je me suis moi-même posé cette question, tant il est vrai que la pensée politique et la pensée économique ont pris, de nos jours, des chemins divergents. Et pourtant, il fut un temps, pas si lointain, où l'Économique avec un grand «E», et la Politique avec un grand «P», se concevaient l'un et l'autre comme des sciences et des sagesses complémentaires. Et les deux faisaient si bon ménage que, dans la foulée des Smith et des Ricardo, nos universités enseignaient l'économie politique plutôt que la science économique. C'était avant que l'économétrie n'ambitionne de mettre l'*homo economicus* en équations rigoureuses. C'était aussi avant que nos praticiens de la politique, désillusionnés par les ratés d'une gestion macroéconomique à la Keynes, ne décident de baisser les bras devant les forces de la globalisation et de se convertir au néolibéralisme à la mode.

*L'effondrement de la politique face à l'économique*

À vrai dire, nous vivons à l'époque de l'État honteux et du marché triomphant. Et cela doit donner à réfléchir à tous ceux et celles qui s'intéressent à la gestion de la chose publique. Car la raison d'être même de la politique, au sens noble que lui donnaient aussi bien les marxistes, avec leur «dictature du prolétariat», que les libéraux démocrates, avec leur «gouvernement du peuple, par le peuple et pour le peuple», a toujours été de mettre les forces de la technologie et de l'économie au service de l'humain. En fait, comme gardienne de la Cité, toute politique se veut par définition humaniste. Le malheur de notre temps est que la politique n'a plus les moyens de ses ambitions. Le communisme a fait faillite au plan moral aussi bien qu'économique. Et même dans nos démocraties libérales, c'est davantage la main aveugle d'Adam Smith que la volonté des élus qui gouverne aujourd'hui le navire de l'État.

D'où vient cet effondrement de la politique? Y a-t-il encore une place pour l'égalité des chances et les solidarités humaines à l'ère du libre-échange international, ou sommes-nous condamnés au chacun pour soi et à la survie du plus fort économique? Y a-t-il encore place pour le droit à la différence des peuples et la sécurité linguistique et culturelle des «petites nations» face aux forces nivelantes de la globalisation technologique et économique? Comment assurer la survie et l'épanouissement de communautés à l'échelle humaine et nous donner, en même temps, des outils politiques vraiment à la mesure des problèmes continentaux, voire planétaires, auxquels nous sommes aujourd'hui confrontés?

Trouver réponse à ces questions m'apparaît urgent

pour l'avenir de l'humanité, comme en témoigne la montée des nationalismes qui accompagne un peu partout les avancées de la mondialisation techno-économique. Et ce qui est urgent à l'échelle de la planète m'apparaît doublement urgent à l'échelle d'un pays comme le Canada, fondé depuis ses origines sur le refus du *melting pot* et voué, surtout depuis l'après-guerre, à un idéal de partage et d'égalité des chances qui commande des interventions étatiques mal accordées avec le laisser-faire et le libéralisme individualiste de notre époque.

*Les besoins communautaires et territoriaux de l'homme*

Mais pour chercher réponse à ces questions, encore faut-il d'abord en admettre le bien-fondé. Et c'est là que le bât blesse, car toutes ces interrogations supposent une conception de l'homme infiniment plus riche que celle de *l'homo economicus*, entretenue par les inconditionnels de la globalisation.

Pour qui rêve de faire cohabiter tous les humains dans un village planétaire, déterritorialisé, atomisé et livré à la loi du plus fort, aussi bien sur le plan de la langue et de la culture que sur celui de la technique et de l'économique, affirmer que l'être humain n'est pas un simple individu mais une *personne,* et parler de droit à la différence des peuples et d'égalité des chances fondée sur des solidarités communautaires, c'est tenir un langage anachronique et refuser tout le génie de la modernité.

Au risque de passer pour un mauvais contemporain, je prétends, pour ma part, qu'il n'y a pas grand-chose à comprendre aux problèmes du monde en général, et du Canada en particulier, si nous ne prenons point acte dès le départ que l'homme n'est ni ange ni bête, et qu'à vouloir en faire un ange désincarné et déterritorialisé, on s'expose à en faire une bête prête à bondir pour défendre son clan et son territoire.

Pour parler le langage des philosophes, tout être humain est une *personne* pétrie de chair et d'esprit. Et si, par son côté spirituel, l'homme aspire à l'universel et à la libre communion avec ses frères et sœurs en humanité, par son côté charnel, il ne peut échapper à l'enracinement dans ce que Péguy appelait nos «patries charnelles»: la famille, le quartier, le village, la nation.

En fait, nous ne pouvons accéder à la pensée universelle qu'à travers un corps qui nous donne une date et un lieu de naissance et qui localise, quoi qu'on fasse, notre regard sur le monde. Et parce que nous sommes non seulement des êtres de nature, mais des êtres de culture, nous avons besoin, comme personnes, d'être enfantés à la vie de l'esprit et à l'amour du «prochain» par une communauté qui nous transmette une langue, une culture et des mœurs particulières comme moyens d'accéder à ce que Renan appelait la «culture humaine».

Que les individualistes et les universalistes[1] à tous crins aiment la chose ou non, la langue, la culture et les valeurs morales qui ont imprégné notre enfance et continuent de

---

1. Comme disait Dostoïevski: «L'amour abstrait de l'humanité est presque toujours de l'égoïsme.» Et si humaniste et universaliste que soit sa pensée, Emmanuel MOUNIER écrivait de son côté: «Trêve d'éloquence. Je n'aime pas l'humanité. Je ne travaille pas pour l'humanité... La communion humaine, je ne l'expérimente qu'avec des proches, ou, déjà plus diffuse, dans des personnes collectives imparfaites: ma profession, mon pays. Pour le reste, je fais confiance.» (*Révolution personnaliste et communautaire*, *Œuvres*, t. I, Paris, Seuil, p. 196)

nous structurer comme adultes, nous ont été transmises par une communauté porteuse d'une hérédité sociale. Et pour jouer son rôle de matrice culturelle et de chemin concret vers l'universel, toute communauté viable a besoin d'un territoire, d'un lieu de partage et de rayonnement de sa langue et de sa culture particulières.

On ne le répétera donc jamais assez: l'homme est un esprit incarné, capable par la pensée et le cœur d'embrasser l'univers, mais qui ne peut naître et grandir qu'enraciné dans des «patries charnelles». Ce besoin d'enracinement communautaire en fait, pour le meilleur comme pour le pire, un animal territorial incapable d'échapper aux contraintes du lieu. Et que ceux et celles qui prétendent en faire un être sans appartenances, coupé de son prochain et livré à la loi de la jungle économique, ne s'étonnent pas que l'homme puisse devenir un loup pour l'homme.

*L'atomisation des communautés et le recul*
*de la territorialité provoqués par la globalisation*

En disant cela, je ne songe absolument pas à nier l'incroyable enrichissement spirituel et matériel que la mondialisation des communications et du commerce peut apporter à notre siècle. Élargissement des consciences, ouverture à la diversité et au métissage des cultures, découverte de la finitude des ressources physiques de la planète et de sa fragilité environnementale, conscience plus aiguë des inégalités entre humains et de la nécessité de mieux répartir la richesse à l'échelle du globe: tout cela représente une avancée majeure pour l'humanité.

La question est de savoir jusqu'où cette mondialisation peut être réconciliée avec le besoin d'enracinement communautaire et territorial de l'homme. Car le paradoxe de la globalisation est qu'elle nourrit notre soif d'universel, mais qu'elle méprise et détruit progressivement les appartenances locales, qui sont pour tout être humain le passage obligé vers l'universel. Comme l'écrit si bien Alain Finkielkraut:

> L'homme moderne est bien un homme mondial, mais ce n'est pas pour autant un homme sans préjugé. Le village global est son village. La vidéosphère est sa patrie. Détaché, d'entrée de jeu, de son environnement naturel, il a tendance à naturaliser l'environnement sans frontières que lui a façonné le progrès. Loin de lui ouvrir l'esprit, ses ailes l'obnubilent. *Câblé* aujourd'hui comme on était autrefois *enraciné*, il est incapable de concevoir qu'on puisse humainement vivre hors des réseaux de communication et de consommation dans lesquels il évolue. C'est pourquoi il regarde l'autochtone comme un paysan et ce paysan comme le représentant inquiétant et bizarre d'une espèce préhumaine. L'autochtone, autrement dit, est son étranger... Les métèques, les «horsains» sont, pour lui, ceux qui ne jouent pas le jeu de l'échange et qui se réclament d'une histoire, d'un sol, d'une communauté[2].

Comment bâtir des solidarités planétaires sur la négation des solidarités familiales et communautaires? Comment assurer le bien commun de l'humanité en tablant sur le chacun pour soi de la concurrence internationale et une déloca-

---

2. Alain FINKIELKRAUT, *Comment peut-on être croates?*, Paris, Gallimard, 1992, p. 73-74.

lisation des entreprises fondée sur la maximisation des profits à court terme, le pillage de l'environnement et le *dumping* social? Quand le citoyen est remplacé par le consommateur, quand l'individu n'a que des droits et que la société n'a que des obligations, comment peut-on encore parler de bien commun, d'intérêt public et de solidarités communautaires?

Dans un langage plus familier à vos oreilles d'économistes, votre collègue Thomas Courchene s'est appliqué, ces derniers temps, à décrire dans une perspective canadienne l'éclatement des frontières et la déstabilisation des États-Nations provoqués par les forces techno-économiques de la globalisation[3]. Je me contenterai de signaler ici trois des principales conséquences politiques de cet éclatement.

La première est l'atomisation des communautés et l'érosion des différences culturelles, avec son corollaire, la montée des revendications identitaires et le retour en force d'une certaine droite ultra-conservatrice. La seconde est le découplage de plus en plus marqué de l'espace politique et de l'espace économique, avec son corollaire, l'incapacité de plus en plus marquée des États nationaux à mettre les forces transnationales du commerce et de la technologie au service de l'humain. La troisième est la perte de légitimité de la démocratie représentative de plus en plus prisonnière des forces du marché avec, comme conséquences, la montée du populisme et la multiplication des groupes de pression qui accentuent encore davantage l'éclatement du pouvoir politique.

Sur la montée des nationalismes qui accompagnent un

---

3. Thomas J. COURCHENE, *Célébrer la souplesse: Essai interprétatif sur l'évolution du fédéralisme canadien*, Conférence des bienfaiteurs 1995, Institut C.D. Howe.

peu partout les avancées de la mondialisation, contentons-nous de constater que la globalisation n'a pas réussi à enterrer la nation et qu'elle a plutôt tendance à exacerber les revendications identitaires des groupes humains. À l'heure de l'Internet et des satellites de communication en direct, il n'y a plus de protectionnisme culturel qui tienne. On peut certes s'en réjouir, mais force est aussi de constater que la disparition d'une certaine intimité culturelle des communautés humaines menace non seulement la diversité des styles de vie et de pensée, mais contribue au déboussolement des consciences et à la montée de l'intégrisme et de la xénophobie.

Et lorsque le libéralisme individualiste des apôtres du libre-échange international se double du libéralisme individualiste des «chartistes» à la Trudeau, et qu'on s'empresse de nous déclarer tous immigrants pour mieux évacuer les notions de droits collectifs, de culture commune et de société d'accueil, il n'est pas étonnant qu'on pousse les «autochtones» et les «enracinés» à la défense de leur clan et de leur territoire.

C'est ce phénomène que Benjamin R. Barber décrit de façon parlante dans *Jihad versus McWorld*[4]. Dans cet ouvrage, Barber dénonce avec force les effets corrosifs du tribalisme aussi bien que de la tyrannie du marché sur la vie de nos démocraties. Et son plaidoyer en faveur d'un secteur civique soustrait à la logique du profit et capable de faire le pont entre le secteur privé et le secteur public, nous rappelle opportunément le besoin d'une matrice communautaire pour accoucher nos enfants à la conscience de l'autre et au service du pro-

---

4. Benjamin R. BARBER, *Jihad versus McWorld*, New York, Times Books, 1995.

chain. Il nous rappelle aussi que ce ne sont pas les «communautés virtuelles» entre téléspectateurs ct internautes qui pourront jamais remplacer, surtout sur le plan affectif, les «patries charnelles» qu'elles sont en train de faire éclater sous nos yeux.

Quant au découplage entre l'espace politique et l'espace économique, je me contenterai de constater ici qu'avec leurs pouvoirs essentiellement territoriaux pour régler des problèmes de plus en plus extraterritoriaux, les États-Nations, tout comme les États subnationaux, sont en train de consacrer l'impuissance de la politique face aux forces conjuguées de la technique et du commerce.

Volatilité des marchés financiers et déstabilisation des monnaies; multiplication des entreprises transnationales capables de jouer les États-Nations les uns contre les autres; remplacement de la production de biens matériels, soumis à la règle de la rareté et aux contraintes de la géographie, par la production de biens intellectuels dont la valeur s'accroît par le partage universel; difficulté de fixer la valeur marchande et de taxer cette nouvelle production intellectuelle «insaisissable»; insécurité linguistique et culturelle des petites nations provoquée par la mondialisation des télécommunications; érosion des solidarités sociales financées sur une base nationale alors que la production de la richesse à redistribuer se mondialise et met en concurrence pays pauvres et pays mieux nantis: tels sont quelques-uns des problèmes extraterritoriaux devant lesquels nos gouvernements nationaux et subnationaux découvrent aujourd'hui leur impuissance[5].

---

5. Comme l'expliquait si bien Tom Courchene à une table ronde tenue le 6 février 1996: *We seem to be facing something like a global maximum wage out there, especially for less-skilled labour. If we try to pay our workers more*

Le résultat net est que l'abolition des frontières commerciales et technologiques, couplée au maintien obstiné de frontières politiques étanches, ne peut mener qu'à une perte de légitimité encore plus marquée de la politique. Car, devant l'incapacité des gouvernements nationaux à gérer efficacement la dimension internationale des problèmes économiques et sociaux qui bousculent leur vie, les citoyens et les citoyennes concluent de plus en plus à la faillite de la démocratie représentative et se replient sur ce qu'ils peuvent contrôler au sein de leurs communautés locales. C'est d'ailleurs là le troisième, mais non le moindre des effets de la globalisation: le cynisme croissant affiché par le grand public envers les élites traditionnelles, et surtout envers les politiciens, dont l'impuissance systémique est attribuée à l'incompétence et à la corruption. D'où le retour au chacun pour soi accompagné d'une multiplication des groupes de pression à intérêt unique et d'un populisme primaire qui ne peuvent qu'accélérer l'éclatement social et consacrer l'impuissance du pouvoir démocratique.

### Subsidiarité et gestion partenariale de l'interdépendance

Comment, dès lors, redonner à la politique les moyens de sa mission humaniste? Cette question est la même que se posaient Jean Monnet et les fondateurs de la Communauté euro-

---

*than this global maximum wage, then the economic activity tends to go offshore to where labour is cheaper. The income distribution aspects of globalization are truly horrifying, and I don't know any one nation can handle it. Indeed, one of the incentives for the formation of larger regional groupings, like the EU, is the hope that those larger units may be more successful in taxing and regulating mobile capital.*

péenne au lendemain de la Seconde Guerre mondiale. Et elle nous renvoie, à mon avis, aux origines et à la raison d'être même du fédéralisme comme forme de gouvernement.

Car le problème politique que nous vivons n'est pas nouveau. De la famille au clan, et du village à la province et à l'État-Nation, de tout temps les humains ont été forcés d'élargir le cercle de leurs appartenances à chaque fois qu'ils étaient confrontés à des problèmes qui dépassaient les moyens techniques, économiques et politiques de leurs anciennes communautés de base. Et à chaque fois, il leur a fallu tirer la ligne entre les affaires qui devaient demeurer du ressort «local» et celles qui devaient être confiées à un gouvernement «central» toujours plus lointain.

Ce que nous vivons aujourd'hui en accéléré, c'est le dépassement de l'État-Nation. Et cela exige que les souverainetés nationales s'effacent au moins partiellement au profit de quelqu'autorité supranationale, capable de mener une action commune à la dimension des nouveaux défis planétaires qui nous confrontent. Mais pour dépasser l'État-Nation sans l'abolir, nous ne sommes pas obligés de réinventer la roue. Nous n'avons qu'à redécouvrir avec des yeux contemporains les principes premiers du fédéralisme comme système de gouvernement.

Toute la raison d'être du fédéralisme est, en effet, de permettre la cohabitation féconde, au sein d'un grand ensemble politique, de deux ordres de gouvernement souverains: l'un reconnu maître de ce qui doit être géré à l'échelle locale, pour assurer l'intimité culturelle et l'autonomie politique des communautés fédérées; l'autre déclaré maître de ce qui demande à être géré à l'échelle des grands ensembles, pour assurer les mises en commun économiques, sociales et politiques nécessaires au règlement des problèmes dont l'envergure dépasse les moyens et l'aire d'action restreinte de chacun des partenaires de la fédération. Et pour assurer ce mariage entre deux souverainetés, le fédéralisme se fonde depuis toujours sur deux principes cardinaux:

— *le principe de subsidiarité,* selon lequel ne doivent être confiées au gouvernement central que les affaires qui ne peuvent être gérées en toute justice et efficacité à l'échelle locale, de façon à maintenir la prise de décision le plus près possible des citoyens et à garantir l'autonomie et la sécurité culturelle des communautés fédérées; et

— *le principe de non-subordination,* selon lequel chacun des deux ordres de gouvernement est souverain dans sa sphère de compétences et ne peut être subordonné à l'autre dans l'exercice des pouvoirs que lui confie en propre la Constitution de la fédération.

Le problème de notre époque est que les forces technoéconomiques de la globalisation effacent si rapidement les frontières entre les affaires locales, nationales et internationales qu'elles ne permettent plus une division absolument étanche des responsabilités entre l'État central et les États fédérés, si bien que la subsidiarité et la non-subordination doivent aujourd'hui s'accompagner d'un corollaire incontournable:

— *le principe de gestion partenariale de l'interdépendance,* selon lequel les partenaires de la fédération doivent se concerter, et décider librement et conjointement des mises en commun et des contraintes qu'il leur est nécessaire de s'imposer dans l'exercice de leurs pouvoirs souverains respectifs pour assurer le bien commun de la fédération et se donner des moyens d'action à la mesure des problèmes de plus en plus globaux de notre époque.

Subsidiarité, non-subordination et gestion partenariale de l'interdépendance, telles sont, à mon avis, les trois composantes essentielles d'un fédéralisme moderne, capable de réconcilier le besoin d'autonomie et d'intimité culturelle des communautés humaines avec les mises en commun économiques, sociales et politiques nécessaires à la solution des problèmes globaux de notre temps. Mais la pratique de ces trois principes fédéraux commande des qualités d'esprit et de cœur qui ne vont pas de soi dans un monde livré de plus en plus aux seules lois du marché.

En fait, la grande tentation qui guette les fédéralistes confrontés aux exigences de la mondialisation est de faire une lecture de la subsidiarité où la justice et l'efficacité se réduisent à une simple affaire de technique et d'économie, sans égard aux besoins d'autonomie et de sécurité culturelle des personnes et des communautés locales. C'est cette perversion de la subsidiarité que Denis de Rougemont[6] dénonçait déjà en 1977,

---

6. «Le retour d'un hérétique», entrevue de Jean-Paul Enthoven avec Denis de Rougemont publiée dans *Le Nouvel Observateur* du 3 octobre 1977.

L'Europe des marchands ne se fera pas car son principe repose sur une idée empruntée au marxisme *vulgaire*, et d'ailleurs curieusement revendiquée par les grands bourgeois autant que par les socialistes: c'est l'idée selon laquelle l'économie commande tout. Jean Monnet, quels que soient ses mérites, ne raisonnait pas autrement. En gros cela lorsqu'il parlait des dangers d'une «Europe des marchands» fondée sur la seule rationalité techno-économique[7]. Et pour toute fédération soucieuse d'éviter le développement économique sans boussole politique et les dangers d'anomie et de dépersonnalisation des grands ensembles, il m'apparaît plus indispensable que jamais de définir la subsidiarité en termes de justice et d'efficacité culturelles aussi bien qu'économiques. Inutile d'ajouter que cette lecture personnaliste et communautaire de la subsidiarité à la Denis de Rougemont vaut doublement pour des fédérations comme la Suisse et le Canada, fondées explicitement sur le droit à la différence culturelle de leurs communautés fondatrices.

L'autre grande tentation pour les fédéralistes aux prises avec la mondialisation, c'est de plaider le besoin de «solidarité nationale» et la nécessité de parler d'une seule voix sur la scène internationale pour justifier une mise en tutelle plus ou moins douce des gouvernements subnationaux. Une telle

---

veut dire: si l'on tient les gens par le fric, on les tiendra par la peau. À l'inverse, quand de Gaulle a bloqué la construction de l'Europe, ce fut pour des raisons strictement politiques ou culturelles. On a alors pu constater combien celles-ci étaient efficaces et mobilisatrices. Si, aujourd'hui, les princes qui nous gouvernent voulaient vraiment faire l'Europe, ils invoqueraient d'abord des raisons politiques et culturelles. À partir de là, l'intendance suivrait... L'économie, c'est l'intendance.

7. Lorsqu'on cherche à comprendre les tribulations du traité de Maastricht, on s'aperçoit qu'elles sont largement dues au fait qu'il semblait mener à l'édification d'une «Europe des marchands». Et cela, même si l'article A du Traité prend la peine de définir l'Union européenne comme «une union sans cesse plus étroite entre les peuples de l'Europe, dans laquelle les décisions sont prises les plus près possible des citoyens», et que l'article F précise que «l'Union respecte l'identité nationale de ses États membres, dont les systèmes de gouvernement sont fondés sur les principes démocratiques».

pratique ne peut mener à long terme qu'au blocage ou à l'éclatement des grands ensembles fédéraux, car il ne peut y avoir cohabitation féconde de deux souverainetés au sein d'une fédération que dans le respect de la non-subordination.

Pour ne parler que du Canada, le recours au pouvoir de dépenser du Parlement fédéral dans le but d'assurer une juste redistribution des richesses à l'échelle de la fédération est sans doute justifiable, voire nécessaire, mais il n'autorise en aucun cas l'imposition unilatérale de normes «nationales» dans les domaines de compétence provinciale exclusive, surtout lorsque l'argent du fédéral se fait plus rare et que ses normes se font plus inflexibles. De même, le pouvoir fédéral de signer des traités internationaux dans des domaines de compétence provinciale exclusive n'autorise pas le gouvernement central à imposer unilatéralement les résultats de sa négociation aux provinces, surtout à une époque où à peu près tous les domaines provinciaux sont touchés par des règles commerciales et des normes environnementales décidées à l'échelle mondiale.

D'où le besoin pour toute fédération moderne, mais encore plus pour une fédération comme la nôtre, de se doter d'un mécanisme d'harmonisation et de codécision, capable d'assurer, dans le respect des souverainetés locales, un développement responsable et cohérent de l'union. Et pour se conformer aux principes premiers du fédéralisme, pareil mécanisme doit, en toute logique, regrouper des élus des deux ordres de gouvernement et obéir à des règles d'harmonisation et de codécision fixées à l'unanimité par tous les partenaires de la fédération.

Mais encore ici, il n'est pas nécessaire de réinventer la roue. Et toutes les fédérations modernes soumises aux pressions de la globalisation auraient intérêt à s'inspirer de la Communauté européenne pour gérer de façon plus moderne l'interface entre leurs deux ordres de gouvernement souverains. Car toute la beauté et la fécondité d'une gestion de l'interdépendance à l'européenne sont de permettre:

1. de codécider en mode confédéral toutes les questions tranchées à l'unanimité, puisque chacun des partenaires exerce alors un veto souverain; et

2. de codécider en mode fédéral toutes les questions tranchées à la majorité qualifiée ou à la majorité simple, puisque chaque partenaire accepte alors de céder une certaine part de sa souveraineté au profit de la volonté commune majoritaire.

Tirant profit de cette trouvaille européenne, j'ai longuement décrit dans mon livre *Le mal canadien*[8] les principes d'un pacte sur l'union économique et sociale canadienne qui pourrait sortir le pays du fédéralisme unitaire et dominateur qui le mine pour le faire accéder à un fédéralisme partenarial, mieux adapté au contrat social et politique canadien en même temps qu'au génie de notre époque.

Conçu comme un quasi-traité entre partenaires de la fédération, ce pacte administratif, entériné par toutes les législatures, prévoirait la création d'un Conseil des premiers ministres habilité à codécider selon des règles décisionnelles fixées à l'unanimité par les signataires. Ces règles pourraient aller de l'unanimité à la majorité qualifiée, voire à la majorité simple, avec ou sans veto fédéral, selon la nature des ques-

---

8. André BURELLE, *Le mal canadien. Essais de diagnostic et esquisse d'une thérapie*, Montréal, Fides, 1995, chapitres 4 à 6.

tions à trancher[9]. Et elles permettraient au Conseil de codécider des objectifs communs et des normes communes minimums que les deux ordres de gouvernement s'obligeraient à respecter dans l'exercice de leurs pouvoirs souverains respectifs pour: *(a)* garantir des services sociaux de base à tous les citoyens et citoyennes du pays; *(b)* assurer la libre-circulation des biens, des services, des capitaux et des personnes à l'échelle du territoire canadien; *(c)* harmoniser les politiques fiscales et budgétaires des deux ordres de gouvernement; et *(d)* se concerter à l'interne pour parler d'une seule voix sur la scène internationale.

J'aurais pu vous parler aujourd'hui de la plomberie d'un tel pacte. J'ai cru plus utile de m'en tenir aux principes politiques qui le sous-tendent, car ces principes — subsidiarité, non-subordination et gestion partenariale de l'interdépendance à l'européenne — peuvent s'incarner de bien des façons et à bien des niveaux. Dans mon livre, j'ai tenté de les appliquer au cas canadien. Mais si la politique veut mettre un terme à son impuissance croissante et retrouver les moyens de ses ambitions humanistes, c'est non seulement aux niveaux national et subnational, mais au niveau international qu'elle devra inventer de nouvelles formes de fédéralisme pour

---

9. On notera que, selon les règles décisionnelles que les premiers ministres seraient appelés à appliquer, le Conseil opérerait soit en mode interprovincial, soit en mode fédéral-provincial. Il opérerait comme une institution purement interprovinciale à chaque fois que les provinces seraient seules autorisées à voter sur des questions de compétence provinciale exclusive. Il opérerait comme un organisme fédéral-provincial dans tous les cas où le gouvernement fédéral aussi bien que les provinces seraient autorisés à voter en vertu des règles décisionnelles convenues à l'unanimité par les partenaires de la fédération.

réconcilier le droit à la différence des communautés humaines et l'interdépendance des nations à l'heure de la globalisation.

C'est à ce prix seulement que les simples citoyens et citoyennes se remettront à croire aux vertus de la démocratie représentative et à l'absolue nécessité de la politique pour mettre les forces aveugles de la technique et de l'économique au service de l'humain.

II

## POUR L'INVENTION D'UN FÉDÉRALISME
## MODERNE ET PARTENARIAL À LA CANADIENNE

Lorsqu'on dispose de quinze minutes à peine pour poser un diagnostic et suggérer un remède aux maux institutionnels dont souffre un pays aussi complexe que le Canada, il faut, de toute évidence, prendre des raccourcis.

### Quelques éléments de diagnostic

Posons donc, pour les besoins de notre discussion, un grand principe de départ et quelques éléments de diagnostic.

*Primauté du contrat social sur les institutions.* — Le grand principe que nous ne devons jamais perdre de vue est celui de la primauté du contrat social sur les institutions de tout groupe humain.

- En clair, cela veut dire que la Constitution et les institutions d'un pays ne sont pas des fins en soi. Ce sont des instruments au service du contrat social et politique qui fonde l'existence de ce pays, c'est-à-dire des objectifs communs, des droits et obligations réciproques et des règles de jeu politiques qui fondent le vouloir vivre collectif de ses communautés et de ses citoyens.
- S'il y a divorce entre le contrat social d'un pays et la façon de le gouverner, il y a perte de légitimité et blocage de ses institutions. Et si cette dissonance n'est pas résolue, elle peut mener à la mort du vou-

27

loir vivre collectif de ses communautés et de ses citoyens. Si bien qu'avant de se lancer dans quelque réforme constitutionnelle ou institutionnelle que ce soit, il faut d'abord s'entendre sur le contrat social que cette réforme devra servir.

*Deux traits essentiels du contrat social canadien.* — Deux grandes caractéristiques font, en ce sens, l'originalité du contrat social et politique canadien.

1. Le Canada est né du refus du *melting pot* américain et il est fondé depuis ses origines sur la reconnaissance du droit à la différence des communautés qui lui ont donné naissance. La reconnaissance des droits ancestraux des peuples autochtones remonte, en effet, à la *Proclamation royale de 1763.* Celle du caractère distinct de la société québécoise remonte à l'*Acte de Québec de 1774.* Et les droits des communautés anglophones du Québec et francophones hors Québec trouvent racine dans le Pacte confédératif de 1867 et son évolution au fil de l'expansion de la fédération.

2. Le Canada s'est enrichi à l'époque moderne d'une ouverture au pluralisme culturel et d'une volonté de partage entre régions et entre citoyens qui ont donné naissance aux grandes solidarités économiques et sociales de l'après-guerre: péréquation, développement régional et toute la panoplie des programmes sociaux pan-canadiens, tels l'assurance-hospitalisation, l'assurance-santé, le bien-être social, les pensions de vieillesse, l'aide à l'éducation postsecondaire, etc.

*Une double crise du projet canadien.* — Le malheur, c'est que ces deux volets du contrat social canadien, l'originel et le moderne, n'ont jamais vraiment été réconciliés en profondeur. Et soumis aux pressions du libéralisme individualiste de la Charte, au recul de l'État-providence et au «chacun pour soi» du libre-échange international, l'un et l'autre volets sont aujourd'hui en crise. Crise qui a mené la fédération canadienne à une double incapacité:

1.  incapacité, illustrée par l'échec de Meech, de réconcilier le libéralisme individualiste juridique de la Charte canadienne de 1982, telle que défendue par MM. Trudeau, Wells et cie, avec le refus du *melting pot* et les droits communautaires inscrits au cœur du Pacte confédératif de 1867; et

2.  incapacité, illustrée par les coupures imposées unilatéralement aux provinces par le dernier budget Martin, de resserrer sur une base partenariale les grands programmes sociaux pan-canadiens; programmes largement bâtis par le pouvoir de dépenser d'Ottawa dans les champs de compétence exclusive des provinces et dont l'intégrité, voire l'existence, sont aujourd'hui menacées par le surendettement fédéral et les pressions du libre-échange et du néo-libéralisme à l'américaine.

*La globalisation comme facteur aggravant.* — Cette double crise du projet canadien, celle du droit à la différence des communautés fédérées et celle des grandes solidarités pan-canadiennes, se trouve aggravée par les forces de la globalisation qui effacent progressivement les frontières entre les affaires locales, nationales et internationales.

Déjà aux prises avec des problèmes de chevauchement et d'incoordination, les provinces et le fédéral se voient ainsi confrontés de plus en plus souvent à des problèmes globaux qui débordent la compétence de chacun des deux ordres de gouvernement, et qui ne peuvent être résolus que par l'exercice complémentaire de leurs pouvoirs respectifs. Et cela commande une gestion de l'interdépendance à laquelle le Canada est fort mal préparé.

Dans une fédération où le Parlement central s'est habitué à recourir au *forcing* par les gros sous pour imposer, ouvertement ou tacitement, aux provinces, dans leurs champs de compétence exclusive, les objectifs et les normes jugés indispensables à «l'intérêt national», le réveil est brutal lorsque le surendettement devient intenable et que les marchés internationaux forcent à la discipline financière. Remontent alors à la surface tous les effets pervers du *nation building* unitaire par le pouvoir de dépenser fédéral: déresponsabilisation des provinces, perte de légitimité des normes «nationales», affaiblissement des institutions fédérales dont elles émanent, et tentation de désengagement et de repli sur soi provincial.

Ajoutez à ce tableau l'obligation du Parlement central de négocier de plus en plus souvent des traités internationaux dans les champs de compétence exclusive des provinces, sans disposer d'un mécanisme permettant aux partenaires de la fédération de s'obliger librement et conjointement à livrer la marchandise, et vous comprendrez un peu mieux l'étendue et la gravité de ce que j'ai appelé «le mal canadien».

## La réponse partielle de Meech

Si le diagnostic que je viens d'esquisser est juste, le mal canadien, exacerbé par les pressions de la globalisation, est largement causé par notre tendance de plus en plus marquée à vouloir greffer sur un contrat social et politique à la canadienne un «chartisme» et un fédéralisme *one nation* à l'américaine. Et à force de nous obstiner à consolider ce mariage contre nature, nous sommes en train de mener le pays au divorce.

L'Accord du lac Meech tentait, pour sa part, de réconcilier, en termes modernes et démocratiques, le droit à la différence linguistique et culturelle des communautés fondatrices, qui était au centre du Pacte confédératif de 1867, avec le principe de l'égalité des provinces consacré dans la *Loi constitutionnelle de 1982* et celui de l'égalité des individus garanti par la Charte canadienne des droits et libertés.

Pour y arriver, l'Accord demandait au pays d'inscrire dans la Constitution son engagement à pratiquer une égalité fondée non pas sur l'identité de traitement, mais sur l'équivalence de traitement des communautés et des individus. Car traiter de façon identique des êtres non identiques, c'est nier dans les faits leur droit à la différence et les condamner à une injustice institutionnalisée.

Tel est aujourd'hui le constat des femmes qui dénoncent l'injustice d'un traitement identique à celui des hommes, et soutiennent que l'équivalence de droit et de traitement est le seul moyen de réconcilier l'égalité des sexes et le respect de la différence entre l'homme et la femme.

C'est cette vérité toute simple qu'avaient déjà comprise les Pères de la Confédération lorsqu'ils reconnurent, en 1867, que la justice rendue aux Québécois en vertu du droit civil français serait non pas identique, mais équivalente à la justice rendue aux Canadiens des autres provinces en vertu de la *common law* britannique.

C'est ce que n'ont toujours pas compris les «chartistes» et les fédéralistes unitaires à la Trudeau, qui refusent que les juges prennent obligatoirement en considération le caractère distinct du Québec, comme seule société majoritairement francophone en Amérique du Nord, dans l'interprétation des droits garantis aux individus par la Charte canadienne et dans l'interprétation des zones grises de notre Constitution. En voulant appliquer un droit symétrique aux situations profondément asymétriques que vivent les anglophones et les francophones en Amérique du Nord, ils condamnent à un traitement inéquitable aussi bien les francophones du Québec que ceux du reste du Canada.

### Les leçons de Charlottetown

L'opposition de ceux qui craignaient un affaiblissement de la Charte et une émasculation du gouvernement central a tué l'Accord du lac Meech. Mais la négociation de Charlottetown a prouvé hors de tout doute que, pour le meilleur comme pour le pire, Meech fait désormais figure de symbole et fixe, sur le plan du contenu, la base minimum de tout règlement susceptible de satisfaire le besoin de reconnaissance et de sécurité culturelle du Québec dans le cadre de la *Loi constitutionnelle de 1982*.

La négociation de Charlottetown a de même prouvé que, dans toute «ronde Canada» destinée à compléter la «ronde Québec» négociée à Meech, le gouvernement du

Québec demandera de nouvelles responsabilités en matière de main-d'œuvre, de culture et de communications, en plus d'exiger un retrait fédéral des champs de compétence confiés en 1867 au Québec, comme aux autres provinces, pour exercer son droit à la différence et à l'autonomie gouvernementale.

Ce que la négociation de Charlottetown a enfin prouvé, c'est que le besoin d'être reconnu et respecté par les autres partenaires de la fédération ne saurait être limité au seul cas du Québec. Chacun à sa façon, les peuples autochtones ainsi que les provinces de l'Ouest et de l'Atlantique ont exprimé le même besoin. Pour les peuples autochtones cela signifiait la reconnaissance de leur droit inhérent à l'autonomie gouvernementale. Pour les provinces de l'Ouest et de l'Atlantique, cela voulait dire être considérées comme autre chose que l'arrière-pays de l'Ontario et du Québec. D'où leur réclamation d'un sénat «triple E» pour donner voix égales aux provinces dans les affaires du pays. D'où également la montée du Reform Party et son action en faveur d'une décentralisation de la fédération destinée à ramener l'exercice du pouvoir plus près des simples citoyens et à favoriser une meilleure prise en considération des priorités propres aux diverses régions du Canada.

Toutes ces demandes, ajoutées à celles du Québec, n'ont fait que renforcer les peurs qui avaient entraîné l'échec de Meech:

    — crainte d'une inégalité de traitement des citoyens et des provinces fondée sur la reconnaissance du caractère distinct de la société québécoise au sein du Canada, à laquelle venait s'ajouter le droit inhérent à la différence et à l'autonomie gouvernementale des peuples autochtones;

— hantise d'une balkanisation néfaste du pays advenant un retrait du gouvernement fédéral et de ses normes nationales des domaines confiés aux provinces par la Constitution de 1867.

Et plus que jamais nous sommes devenus prisonniers de ces peurs au lendemain du référendum québécois gagné de justesse par les forces fédéralistes le 30 octobre dernier.

### Le besoin d'un rééquilibrage global de la fédération

Comment nous en sortir? Je ne vois, pour ma part, qu'un moyen de lever ces craintes et de débloquer l'avenir du Canada. C'est de recréer, en termes modernes, l'équilibre voulu par les Pères de la Confédération entre le droit à la différence des partenaires de la fédération et les mises en commun nécessaires au renforcement de l'union canadienne, soumises aux pressions de la globalisation et du surendettement fédéral.

Cela veut dire un rééquilibrage global de la fédération fondé sur l'équation suivante: la reconnaissance *de facto* et *de jure* du droit à la différence et à l'autonomie gouvernementale du Québec, des peuples autochtones et des diverses régions du pays, en contrepartie de l'obligation, pour tous les partenaires de la fédération, de codécider à l'européenne les objectifs communs et les contraintes que chacun devra s'imposer dans l'exercice de ses pouvoirs souverains pour: *(a)* préserver l'intégrité de l'union économique canadienne; *(b)* garantir des services sociaux de base à tous les citoyens du pays; et *(c)* doter la fédération canadienne des outils de concertation dont elle a besoin pour trouver réponse aux problèmes de plus en plus globaux de notre époque.

Pour y arriver, je propose qu'on soumette au Québec, aux peuples autochtones et aux autres partenaires de la fédération la logique de négociation suivante: nous sommes prêts à reconnaître et à respecter votre droit à la différence et à l'autonomie gouvernementale, et cela en vertu même de la Charte et de la Constitution canadienne, pourvu que vous consentiez à conclure par voie administrative un pacte sur l'union économique et sociale canadienne. Pacte en vertu duquel vous accepterez de vous imposer à vous-mêmes, par le biais d'un Conseil des premiers ministres (ou de tout autre organisme regroupant des élus des deux ordres de gouvernement), comme la chose se fait au sein de l'Union européenne, les objectifs communs, les normes communes minimums et les règles de jeu que devront respecter tous les partenaires de la fédération pour maintenir et renforcer l'union économique et sociale canadienne.

*Un pacte sur l'union économique et sociale*

Je n'ai pas le temps d'expliquer ici la forme que pourrait revêtir un tel pacte. Disons simplement que ce quasi-traité entre État-membres de la fédération autoriserait la création d'un Conseil des premiers ministres capable de lier l'ensemble des partenaires de la fédération par des décisions prises à l'européenne selon des règles préalablement fixées à l'unanimité par les premiers ministres.

Ces règles décisionnelles, dont au départ chaque partenaire détiendrait la clé, puisqu'il y va des pouvoirs souverains de chaque province et du fédéral, pourraient aller de l'unanimité à la majorité qualifiée, voire à la simple majorité des voix, avec ou sans veto fédéral, selon la nature des problèmes à résoudre. Elles permettraient au Conseil:

— de renforcer la légitimité de l'union sociale canadienne en mettant le pouvoir de dépenser fédéral au service d'objectifs communs et de normes communes minimums, codécidés par les premiers ministres dans les domaines sociaux de compétence provinciale; et

— de renforcer l'union économique canadienne en dotant le pays d'un code de conduite, codécidé là encore par les premiers ministres, pour assurer la libre circulation des biens, des services, des capitaux et des personnes, de même qu'une harmonisation des politiques fiscales et budgétaires des divers gouvernements.

En obligeant les deux ordres de gouvernement à s'adonner à la concertation, à l'harmonisation et à la codécision par un vote formel liant le fédéral et chacune des provinces, un tel pacte sur l'union économique et sociale permettrait de faire tomber les craintes de voir le Canada sombrer dans l'incohérence sous l'effet d'une trop grande décentralisation. Et il rendrait ainsi possible, par voie d'ententes administratives échelonnées sur une période raisonnable, un partage des rôles et responsabilités fédérales et provinciales conforme au principe de subsidiarité, i.e. respectueux du droit à la différence et de l'autonomie gouvernementale des communautés fédérées, mais en même temps soucieux d'assurer une gestion juste et rigoureuse de ce qui exige d'être réglé au niveau de l'union canadienne.

*Une négociation «win-win»*

En somme, et j'insiste là-dessus, parce que Meech est devenu le règlement minimum que le Québec ne pourra jamais accepter pour se sentir de nouveau membre à part entière de la famille canadienne, je ne vois, pour ma part, aucun moyen d'en diluer le contenu pour le rendre acceptable aux chartistes et aux fédéralistes unitaires à la Trudeau. Le seul moyen de nous en sortir, c'est d'ouvrir une négociation plus large où un règlement «donnant, donnant» deviendrait possible entre ce qui est requis pour répondre au besoin de reconnaissance et d'autonomie gouvernementale du Québec, des peuples autochtones et des régions canadiennes, et ce qui est nécessaire à l'ensemble du pays pour:

1. régler nos problèmes de déficit et d'endettement;
2. décentraliser vers les provinces sans balkaniser le Canada; et
3. doter notre fédération des outils de gestion partenariale dont elle a besoin pour régler les problèmes continentaux, voire planétaires de notre époque.

Comment concrétiser une telle négociation «win-win»?

Puisque les organisateurs de ce colloque nous ont demandé d'être audacieux et d'y aller de suggestions concrètes, permettez-moi de reprendre, à l'intention de nos dirigeants politiques, fédéraux et provinciaux, les suggestions que j'ai esquissées à l'Université Queen's, en décembre dernier.

Transformant alors mes espoirs en conseils, je leur suggérais la ligne d'action suivante.

Premièrement, cessez de vous faire des illusions et admettez, une fois pour toutes, que Meech est le seul *package-deal* minimum que onze premiers ministres et neuf législatures ont endossé et que le Québec pourrait encore accepter pour satisfaire son besoin de reconnaissance collective et donner son assentiment à la *Loi constitutionnelle de 1982*. Et dites-vous bien qu'aucune paix constitutionnelle et politique ne sera possible si le reste du Canada n'accepte pas de livrer, sous une forme ou sous une autre, la substance de Meech.

Deuxièmement, dites aux Québécois de considérer l'Accord Canada-Québec sur l'immigration, signé en février 1991, comme une première reconnaissance *de jure* et *de facto* du caractère distinct de la société québécoise au sein du Canada.

Troisièmement, prenez l'engagement solennel de livrer la balance de l'Accord du lac Meech lors de la conférence constitutionnelle de 1997, à la condition expresse que le Québec et tous les partenaires de la fédération s'entendent entre-temps pour conclure, par voie administrative, un pacte sur l'union économique et sociale canadienne qui autorisera la création d'un Conseil des premiers ministres responsable, transparent et capable de fixer par codécision, comme cela se fait au sein de l'Union européenne, les objectifs communs et les normes et règles de jeu communes minimums nécessaires au maintien et au renforcement de l'union canadienne face aux pressions du libre-échange et de la concurrence internationale.

Pour convaincre nos élus de bouger dans cette direction, j'énumérerai en terminant quelques-uns des bénéfices que le pays pourrait tirer d'un tel pacte.

1. La signature de ce pacte permettrait au gouvernement fédéral de se retirer des plates-bandes provinciales, qu'il a envahies par son pouvoir de dépenser, sans mettre en danger l'intégrité de l'union économique et sociale canadienne. Et le Parlement canadien pourrait ainsi concentrer son action sur le seul terrain où sa légitimité est inattaquable: celui des grandes questions qui ne peuvent être solutionnées avec justice et efficacité à l'échelle des communautés fédérées.

2. Ce pacte redonnerait du même coup à toutes les provinces un plus large espace pour exercer leur droit à l'autonomie locale, tout en accordant *de facto* au Québec plus d'espace pour exercer son droit à la différence linguistique et culturelle.

3. La conclusion de ce pacte ferait tomber la crainte d'un *power grab* québécois découlant de la reconnaissance du Québec comme société distincte au sein du Canada. Et il permettrait de négocier avec les peuples autochtones des traités d'autonomie gouvernementale prévoyant leur participation au pacte, de façon à faire tomber la peur d'une balkanisation de l'espace économique et social canadien.

4. Ce pacte nous sortirait d'un fédéralisme exécutif jugé irresponsable et querelleur, et il redonnerait une nouvelle crédibilité au processus politique en permettant aux onze premiers ministres démocratique-

ment élus pour exercer les pouvoirs confiés aux provinces et au fédéral par la Constitution de concerter leurs décisions et d'additionner les outils d'intervention des deux ordres de gouvernement de la fédération pour régler les problèmes que ni un ni l'autre ne pourrait solutionner à lui seul.

5. Renonçant au culte de l'uniformité, ce pacte démontrerait que les intérêts du pays sont mieux servis par une gestion fondée sur un traitement équivalent plutôt qu'un traitement identique des citoyens et des régions, étant donné l'immensité du pays et son refus originel de se fondre en une seule nation à l'américaine.

6. Ce pacte préparerait enfin les esprits et les cœurs à une reconnaissance *de jure* du caractère distinct de la société québécoise dans la Constitution après l'avoir consacré *de facto* dans une nouvelle façon de gérer la fédération.

## *What Does Canada Want?*

Je ne prétends pas que pareil projet de rééquilibrage de la fédération serait acceptable aux souverainistes purs et durs. Mais les études que j'ai menées durant trois ans avec le groupe de chercheurs du Bureau des relations fédérales-provinciales à Montréal, de même que les réactions des fédéralistes et des souverainistes modérés aux idées défendues dans mon livre, me permettent de croire que semblable projet recevrait l'appui d'une forte majorité de Québécois, y compris chez les francophones. Et de ce fait, même M. Bouchard ne pourrait le rejeter du revers de la main et serait obligé d'en discuter, voire d'en négocier le contenu.

La véritable question est de savoir si le reste du Canada serait prêt à livrer sa part du marché et à reconnaître le caractère distinct de la société québécoise au sein du Canada, selon les termes de Meech, en échange d'une participation pleine et entière du Québec à un renforcement partenarial de l'union économique et sociale canadienne soumise aux pressions du surendettement fédéral, du libre-échange international et du néo-libéralisme à l'américaine.

De la réponse à cette question dépend, à mon avis, l'avenir du Canada[10].

Avec l'entrée dans le Cabinet Chrétien d'un Stéphane Dion et d'un Pierre Pettigrew, peut-être le gouvernement fédéral verra-t-il la lumière. Mais s'il se montre trop prisonnier de sa culture politique pour proposer un tel rééquilibrage de la fédération, mon ultime espoir est que les provinces profitent de la négociation sur le Transfert social canadien, promise dans le budget Martin de 1995, pour refédérer le Canada à partir de la base. Après tout, comme il est écrit en toutes lettres dans le préambule de la *Loi constitutionnelle de 1867*, ce sont «les provinces du Canada, de la Nouvelle-Écosse et du Nouveau-Brunswick [qui] ont exprimé le désir de s'unir en fédération pour former un seul et même domi-

---

10. Aux lecteurs et lectrices du Québec qui seraient tentés de désespérer du reste du Canada, je signale que 22 universitaires et intellectuels de renom du Canada anglais ont publié, le 1er mai 1996, un manifeste intitulé *Making Canada Work Better/Réadapter le Canada,* dans lequel ils proposent un projet de renouveau partenarial de la fédération canadienne qui s'inspire nommément des idées mises de l'avant dans *Le mal canadien* et la présentation que j'en ai faite à l'Université Queen's et à l'Université d'Ottawa.

nion». Les provinces pourraient tout aussi bien décider, en 1996, de se reféderer en mettant sur la table, de concert avec les forces fédéralistes du Québec, un nouveau pacte fédéral qui contrebalancerait une authentique décentralisation et un respect du droit à la différence des communautés fédérées par une macrogestion partenariale, efficace, et transparente de l'union canadienne.

Mis en face d'une proposition aussi responsable, le gouvernement Chrétien pourrait fort bien y découvrir une alternative acceptable, au *forcing*, par un pouvoir de dépenser devenu pouvoir de s'endetter. Et, de son côté, le gouvernement québécois de M. Bouchard serait bien malvenu de bouder pareille réforme en la dépeignant comme un simple camouflage du statu quo.

III

## QUELQUES RÉFLEXIONS SUR LES AMBIGUÏTÉS DU NATIONALISME DE FERNAND DUMONT OU COMMENT FORMULER AU MIEUX LE DROIT À LA DIFFÉRENCE DU QUÉBEC D'AUJOURD'HUI

J'ai lu *Raisons communes* de Fernand Dumont avec le plus vif intérêt. C'est un livre dont la hauteur de vue et l'inspiration morale tranchent nettement avec le discours réducteur et technicien tenu par les experts qui nous servent aujourd'hui d'intellectuels. Et c'est me faire un bien grand honneur que de souligner, comme certains l'ont fait, la communauté de pensée qui existe entre ce qu'écrit Dumont dans cet ouvrage et ce que j'ai pu écrire dans *Le mal canadien*. Cette parenté spirituelle avec l'auteur de *Raisons communes*, je ne la nie point, bien au contraire. Mais, en même temps un monde nous sépare, au moins sur le plan sémantique, en ce qui concerne notre analyse du nationalisme québécois. Et de toute évidence, nos convictions divergent sur la possibilité de réformer le fédéralisme canadien à la satisfaction du Québec.

### Le nationalisme sans la nation

Quelques lecteurs m'ont gentiment reproché de ne pas appeler un chat un chat lorsque je parle dans mon livre de communauté et de société distincte québécoise plutôt que de peuple et de nation québécoise. Si j'ai choisi ce vocabulaire, c'est par souci d'éviter les équivoques, les glissements de sens et la cohorte des préjugés qui entourent fatalement l'emploi des mots «peuple», «nation» et «nationalisme» chez les bien-pensants comme chez les mal intentionnés. Et, malgré les remarques qu'on m'a faites, je persiste et signe, car à mon avis, Dumont n'échappe pas au piège des mots que je voulais éviter.

Dumont affirme, en effet, d'une façon étonnante pour un nationaliste, que «le Québec n'est pas une nation[11]». Et il ajoute:

> Veut-on, ainsi que beaucoup le laissent entendre, créer un État-nation? En tout cas, on parle couramment de *nation québécoise*. Ce qui est une erreur, sinon une mystification. Si nos concitoyens anglais du Québec ne se sentent pas appartenir à notre nation, si beaucoup d'allophones y répugnent, si les autochtones s'y refusent, puis-je les y englober par la magie du vocabulaire? L'histoire a façonné une nation française en Amérique; par quelle décision subite pense-t-on la changer en une nation québécoise? Définir la nation par des frontières territoriales, c'est affirmer que l'État s'identifie à elle; construction toute verbale et parfaitement artificielle de tacticiens politiques. À moins que, par simple duplication, on travaille exactement à la manière de M. Trudeau que l'on vilipende? Que l'on ajoute, pour imiter M. Trudeau jusqu'au bout, que la politique québécoise des «communautés culturelles» est un équivalent du multiculturalisme canadien et on aura, à une échelle plus réduite, l'exacte réplique du Canada. Est-ce la peine de se donner tant de mal? De toute manière,

---

11. *Raisons communes*, Montréal, Boréal, 1995, p. 55.

anglophones et autochtones ne seront pas dupes; ils verront sans peine que nous désirons simplement épouser à notre profit une logique que nous réprouvons lorsqu'elle nous défavorise[12].

Lorsque je lis ce paragraphe, je me sens d'accord avec sa critique du libéralisme atomisant de Trudeau et sa constatation que le Québec ne forme pas la nation tricotée serré que certains rêvent d'élever au rang d'État-nation. Mais, à partir de là, les choses se brouillent, et je suis incapable de suivre la logique souverainiste de Fernand Dumont. Si je le comprends bien, le Québec ne forme pas une nation ethnique fondée sur le *droit du sang* (ce qui serait le fait de la nation canadienne-française), mais il ne forme pas non plus une nation civique fondée sur le *droit du sol* et la libre adhésion des citoyens et citoyennes à un État de droit québécois. Mais alors, si le Québec ne forme pas une nation ethnique et qu'il ne forme pas non plus une nation civique, à quel titre peut-il se réclamer du principe des nationalités et du droit des peuples à disposer d'eux-mêmes pour justifier sa sécession de la fédération canadienne et son accession au rang de pays souverain[13]?

---

12. *Ibid.*, p. 63-64.

13. Sous le titre «La nation en question», Michel SEYMOUR a signé deux articles qui tentent de répondre à cette question dans *Le Devoir*, les 7 et 8 juillet 1995. Mais autant son analyse du nationalisme québécois ouvre la voie à une réinvention de la nation civique pour faire place aux droits collectifs des communautés minoritaires, autant son refus d'appliquer cette même logique à la nation canadienne et sa psychanalyse du nationalisme canadien-anglais me semblent gâcher son propos.

45

Et lorsque Dumont écrit: «Si l'on admet que l'existence des nations est légitime, une question ne s'en pose pas moins: une nation comme la nôtre vaut-elle la peine d'être continuée[14]?», je demeure perplexe. Comment «une nation comme la nôtre» pourrait-elle être «continuée» si elle n'existe ni comme nation ethnique ni comme nation civique?

### Une scission de la nation canadienne-française

En vérité, qu'on soit ou non à l'aise de l'admettre en cette période de *rectitude politique*, les Canadiens français ont formé durant des décennies une nation ethnique tricotée serré qui professait un nationalisme religieux, défensif et passéiste. Cette nation, dont étaient exclus les «Anglais» et les «Indiens», avait son siège territorial et étatique provincial au Québec, et à l'intérieur d'un Canada voué à «l'union des deux races dans le respect qu'elles doivent à leurs droits respectifs». Les nationalistes à la Henri Bourassa voyaient les communautés francophones hors Québec comme autant de «rameaux du vieux tronc canadien-français... qui a résisté à tous les assauts sur les bords du Saint-Laurent» et qui cherche à étendre ses branches d'un océan à l'autre.

Depuis l'après-guerre, le Québec s'est radicalement transformé, et la révolution tranquille a consacré son passage irréversible d'une société cléricale, rurale et homogène à une société laïque, postindustrielle et pluraliste. Du coup, la nation ethnique canadienne-française s'est scindée entre: d'une part, les francophones du Québec, majoritaires sur leur

---

14. *Op. cit.*, p. 77.

territoire, et dotés d'un État provincial capable de prendre la relève de l'Église dans les domaines de l'éducation, de la santé et des services sociaux, et de leur servir en même temps de levier d'émancipation économique; et d'autre part, les francophones hors Québec, irrémédiablement minoritaires dans leurs coins de pays, et incapables de compenser le recul de leurs institutions cléricales, en particulier en matière d'éducation, de santé et de services communautaires, parce que sans prise démocratique efficace, sauf peut-être au Nouveau-Brunswick, sur leurs gouvernements provinciaux respectifs[15].

C'est ainsi que l'État québécois a remplacé l'Église comme gardien de la langue et de la culture, et que la revanche des berceaux a fait place à la dénatalité et à l'obligation de recourir à l'immigration pour assurer l'avenir démographique de la «nation québécoise» c'est-à-dire de la majorité francophone du Québec. Et confronté aux impératifs de la

---

15. Cette scission de la nation canadienne-française a engendré un sentiment de rancœur et d'incompréhension chez les minorités francophones du reste du Canada que René Lévesque traitait sans ménagement de «canards boiteux». Abandonnées par un Québec préoccupé d'abord de sa propre survie et de son propre épanouissement, et incapables de se faire entendre de leurs gouvernements provinciaux, ces minorités se sont tournées vers Ottawa en s'accrochant à sa politique de bilinguisme comme à une véritable planche de salut. Et en se donnant, par souci d'équité, une politique d'aide symétrique à des minorités francophones hors Québec et anglophone du Québec vivant des situations profondément asymétriques, le gouvernement fédéral a contribué, sans en être toujours conscient, à creuser encore davantage le fossé qui sépare désormais la majorité franco-québécoise des minorités de la diaspora canadienne-française. Rappelez-vous la querelle amère entre le gouvernement Bourassa et la FFHQ, appuyée par Alliance-Québec, autour du devoir de «promotion» plutôt que de simple protection des droits des minorités linguistiques, que les négociations de Charlottetown prétendaient imposer indistinctement au Québec et aux autres provinces.

modernité, le Québec de la révolution tranquille a dû s'ouvrir, bon gré mal gré, au pluralisme culturel et abandonner son nationalisme ethnique au profit d'un nationalisme civique et territorial. Devenir, au sein du Canada, une société d'accueil, ouverte aux apports culturels des immigrants et respectueuse des droits de ses minorités anglophone et autochtone, mais porteuse d'une langue commune française et de «raisons communes» libérales et démocratiques, tel est donc, à mes yeux, le défi qu'a entrepris de relever le Québec au cours des dernières décennies. L'opération est toujours en cours et, en périodes de tensions, elle n'exclut pas la résurgence des vieux réflexes ethniques. Cela ne justifie pas pour autant Dumont de décréter que le Québec n'existe pas comme nation civique, «sinon à titre de construction toute verbale et parfaitement artificielle de tacticiens politiques».

Qu'au sortir de la révolution tranquille, le Québec soit bel et bien devenu une nation civique[16], respectueuse de ses

---

16. C'est là un fait que semblent de plus en plus admettre les minorités francophones hors Québec. La transformation récente de l'ancienne *Fédération des francophones hors Québec* en nouvelle *Fédération des communautés francophones et acadienne du Canada* prend acte, en effet, d'une mutation irréversible de la nation canadienne-française, et pourrait marquer le début d'une relation plus saine entre un Québec moins nombriliste et des communautés francophones plus conscientes de leur propre identité dans le reste du Canada. Toutes proportions gardées, ces dernières doivent désormais se définir, au sein de leurs provinces d'attache pluralistes et anglophones, comme autant d'*équivalents* de la minorité anglaise au sein d'un Québec pluraliste et de langue commune française. Et de même que la minorité anglophone du Québec ne peut plus se concevoir comme la simple extension d'une nation britannique dont le berceau fut jadis le Haut-Canada, ainsi les «communautés francophones et acadienne du Canada» ne peuvent plus se concevoir comme autant de «rameaux du vieux tronc canadien-français... qui a résisté à tous les assauts sur les bords du Saint-Laurent», c'est-à-dire

minorités mais soucieuse d'intégrer ses immigrants à une société de langue commune française et de «raisons communes» libérales et démocratiques, c'est ce que reconnaît sans ambages l'Accord Canada-Québec sur l'immigration négocié dans la foulée de Meech. Placé sous la double protection des chartes québécoise et canadienne, cet accord proclame, en effet, même en anglais, que son principal objectif *«is, among other things, the preservation of Quebec's demographic importance within Canada and the integration of immigrants to that province in a manner that respects the distinct identity of Quebec»* (respectueuse de son caractère distinct, dit le texte en français). Meech est mort, mais comme une épine au flanc du Canada *«one nation»* à la Trudeau, l'Accord Canada-Québec sur l'immigration (rebaptisé MacDougall-Gagnon-Tremblay) continue de vivre et ne saurait être modifié que par consentement mutuel des deux parties signataires. Il y a là une pierre d'assise pour une modernisation du contrat social et politique de 1867.

---

comme de simples extensions d'une nation française dont le berceau fut le Bas-Canada, redevenu officiellement le Québec lors de la naissance de la fédération. C'est donc la garantie de droits historiques bien à elles que ces communautés minoritaires doivent désormais rechercher dans les faits et faire reconnaître officiellement dans la Constitution. Cela n'exclut pas, bien au contraire, les alliances naturelles entre francophones du Québec et du reste du Canada. Mais cela exclut toute relation de symbiose au sein d'une nation ethnique canadienne-française qui a cessé d'être depuis que le Québec de la révolution tranquille a dû s'ouvrir à l'immigration, au pluralisme ethnique et aux forces libérales de la modernité.

## Communauté politique et nation civique

Cela dit, je ne voudrais pas exagérer la distance qui sépare mon analyse de celle de Fernand Dumont. En fait, la «communauté politique» qu'il oppose à la «communauté nationale», et dont il appelle de tous ses vœux la réalisation dans un Québec souverain[17], n'est, à mon avis, qu'un autre nom pour désigner une nation civique respectueuse des droits collectifs des communautés minoritaires qui la composent. Et si j'ai bien compris son argumentation, seul un nationalisme rattaché à l'édification d'une telle nation civique revue et corrigée lui paraît légitime et digne d'être cultivé à notre époque. C'est aussi ce que je crois. Mais après avoir écarté le mot «nation» et parlé de «communauté politique» pour désigner une entreprise commune respectueuse des droits collectifs des nations autochtones et de la communauté anglophone du Québec, pourquoi diable Dumont s'obstine-t-il à parler encore de «nationalisme» québécois, avec les connotations tribalistes que ce terme soulève chez les libéraux de tous poils en ces temps de nettoyage ethnique en Bosnie?

Il n'y a aucune honte à aimer la patrie qui nous a vu naître et qui nous a enfantés à la vie de l'esprit. À vrai dire, la fierté de ses origines, le besoin d'enracinement linguistique et culturel, et le sentiment d'appartenance à une nation donnée sont indissociables de la quête d'identité de tout être humain. Le problème est qu'avec sa tendance naturelle à l'exclusion, le nationalisme a trop souvent empoisonné la nation. Comme l'écrivait Schweitzer, «le nationalisme est au patriotisme noble et raisonnable ce que l'idée fixe est à la conviction

---

17. Fernand DUMONT, *Raisons communes, op. cit.*, p. 52s.

normale». Et si le *Petit Robert* a raison de le définir comme une «exaltation du sentiment national; un attachement passionné à la nation à laquelle on appartient, accompagné parfois de xénophobie et d'une volonté d'isolement», on voit mal comment une telle disposition de l'esprit pourrait se concilier avec l'édification de la «communauté politique» multinationale à laquelle Dumont convie le Québec. Plutôt que de chercher à exorciser le nationalisme de ses vieux démons, pourquoi ne pas parler de patriotisme pour qualifier ce nouvel attachement supranational à une patrie commune[18]?

Car c'est une conception véritablement supranationale de la patrie et de la communauté que Dumont prône pour un Québec souverain:

> Bien plus, écrit-il, n'étant pas synonyme de nation, la communauté politique est compatible avec des groupes nationaux différents, comme c'est le cas le plus fréquent partout au monde. La nation anglaise aurait évidemment droit de cité comme telle dans la communauté politique québécoise; on en dira autant des nations autochtones. D'autant plus que déjà des influences diverses se sont emmêlées au cours de l'histoire[19].

---

18. «La nation sans le nationalisme», tel est le titre que *Le Devoir* donne à une entrevue de Christian Rioux avec Jean Daniel, directeur et fondateur du *Nouvel Observateur* qui a publié, le printemps dernier, *Voyage au bout de la nation* (Seuil). Je note simplement que du couple nation/nationalisme, c'est ce dernier que Daniel veut mettre au rancart. *Le Devoir*, 23 octobre 1995.

19. *Op. cit.*, p. 66.

Transposée à l'échelle du Québec, la «communauté politique» de Dumont rejoint en fait la «nouvelle nationalité» dont rêvaient Cartier et McGee lors de la Confédération. Mais avec cette différence énorme que le Québec souverain des Parizeau-Bouchard, dont se réclame Fernand Dumont, serait un pays unitaire, tandis que le Canada des Cartier-McGee était un pays fédéral. Donc un pays en mesure de confier à la communauté francophone du Québec, sous le chapeau d'institutions communes capables de gérer avec force l'union économique et politique canadienne, une base territoriale et des pouvoirs locaux souverains pour garantir son droit à la différence et à l'autonomie gouvernementale. Comment un Québec unitaire serait-il en mesure d'en garantir autant aux «nations autochtones» et à la «nation anglaise» auxquelles Dumont veut reconnaître «droit de cité comme telles dans la communauté politique québécoise»?

Comment, en particulier, ce droit de cité serait-il concrètement reconnu aux «nations autochtones» dans un Québec jaloux de son «intégrité territoriale» et dont les élites éprises de *rectitude politique* se réclament d'ores et déjà du libéralisme individualiste et du nationalisme civique à la française ou à l'américaine pour pratiquer un chartisme à la Trudeau? La lecture de *Raisons communes* n'apporte aucune réponse convaincante à ce chapitre.

*Une conception fédérale de la nation civique*

Dans une conférence remarquable, prononcée à Montréal le 3 mai dernier, sous le titre *L'Europe des identités nationales, ethniques, culturelles et religieuses,* M<sup>me</sup> Catherine Lalumière, député au Parlement européen, a clairement démontré à quel point le républicanisme et le nationalisme civique à la française, fondés sur la liberté et l'égalité intangibles des citoyens devant la loi sont, par leur nature même, allergiques à la reconnaissance de tout droit collectif aux communautés minoritaires. Tout le monde connaît, en effet, le sort honteux réservé jusqu'à récemment aux enfants bretons qui étaient pris à parler le breton à l'école. Et la différence corse ou basque n'est pas tellement mieux tolérée. En fait, comme l'expliquait Mme Lalumière, pour justifier son intransigeance jacobine, la France nie même l'existence en son sein de communautés nationales bretonne, basque ou corse, en arguant qu'il n'existe pas hors France de nations mères bretonne, basque ou corse dont ces minorités françaises pourraient se réclamer pour revendiquer ce statut. Comme sophisme, il est vraiment difficile de faire mieux!

Pour sa part, le Québec est plus ouvert à ce chapitre, car il sait les difficultés d'être des minorités linguistiques et culturelles. Mais même converti à la «communauté politique» multinationale de M. Dumont pour reconnaître droit de cité aux «nations» autochtones et anglaise en son sein, un Québec unitaire et républicain ne pourrait leur offrir qu'une reconnaissance symbolique et une autonomie sous tutelle auprès de laquelle, même limitée, l'autonomie du Québec au sein de la fédération canadienne fait figure de véritable accession à la souveraineté.

En somme, malgré tous les avatars qu'a connus la «nouvelle nationalité» canadienne dont rêvaient Cartier et McGee, leur «communauté politique» supranationale était au moins réalisable au sein d'un régime fédéral à la canadienne ou à la suisse, tandis qu'elle aurait été et serait encore carrément impossible à l'intérieur du régime unitaire et républicain dont le Parti québécois rêve de doter le Québec. Là se trouve le monde qui me sépare de Fernand Dumont.

*Le Canada et le Québec:*
*deux sociétés qui se veulent communautés*

Quant au vocabulaire, j'ai toujours préféré m'en tenir aux distinctions lumineuses que Jacques Maritain a magistralement établies, dans le premier chapitre de son livre *L'homme et l'État,* entre les concepts génériques de communauté et de société, et les concepts spécifiques de nation, de société politique, d'État et de peuple.

Je ne saurais trop recommander aux lecteurs curieux la méditation de ces pages, sans doute un peu arides, mais qui contiennent une des définitions les plus belles et les plus riches que je connaisse de la nation. Et pour donner motif de les lire, j'en transcris ici un extrait où Maritain trace, en guise de préliminaire, une distinction générique entre communauté et société:

> Pour comprendre cette distinction, écrit Maritain, nous devons nous rappeler que la vie sociale en tant que telle rassemble les hommes en vue d'un certain *objet.* [...]
>
> Dans une *communauté,* ainsi que l'a justement signalé J.-T. Delos, l'objet est un *fait* qui précède les déterminations de l'intelligence et de la volonté humaine, et qui agit indépendamment de celles-ci pour créer une psyché commune inconsciente, des structures psychologiques et des sentiments communs, des mœurs communes. Mais, dans une *société,* l'objet est une *tâche* à

accomplir ou une *fin* à atteindre, qui dépend des déterminations de l'intelligence et de la volonté humaines, et qui est précédée par l'activité (décision ou tout au moins consentement) de la raison des individus [...]. Une firme commerciale, un syndicat, une association scientifique, sont des *sociétés* au même titre que le corps politique. Les groupes régionaux, ethniques, linguistiques et les classes sociales sont des *communautés*. La tribu et le clan sont des communautés qui préparent et annoncent l'avènement de la société politique. La *communauté* est un produit de l'instinct et de l'hérédité dans des circonstances et dans un cadre historique donné: la *société* est un produit de la raison et de la force morale (ce que les Anciens dénommaient «vertu»).

Dans la *communauté*, [...] les modes typiques de sentiments collectifs — ou la psyché collective inconsciente — ont le pas sur la conscience personnelle, et l'homme apparaît comme le produit du groupe social. Dans la *société*, la conscience personnelle garde la priorité, le groupe social est façonné par les hommes, et les rapports sociaux procèdent d'une certaine idée, d'une certaine initiative, et de la détermination volontaire des personnes humaines. [...]

Dans la *communauté*, la pression sociale dérive d'une contrainte qui impose à l'homme des types de comportements dont l'action est soumise au déterminisme de la nature. Dans la *société*, la pression sociale dérive de la loi ou des régulations rationnelles, ou d'une certaine idée du but commun; elle fait appel à la conscience et à la liberté personnelles, qui doivent obéir à la loi librement.

Une société donne toujours naissance à des communautés et à des sentiments communautaires, soit au dedans, soit autour d'elle. Jamais une communauté ne saurait se transformer en société, bien qu'elle puisse être le terrain naturel d'où quelque organisation sociétaire surgira par l'entrée en jeu de la raison[20].

Je laisse à chacun le soin de parcourir la suite. Mais en s'en tenant à cette simple distinction préliminaire, on peut d'ores et déjà décrire le Canada comme une société politique regroupant plusieurs communautés fédérées, dont certaines sont simplement provinciales et d'autres nationales, telles les communautés autochtones et québécoise, et constater, avec Dumont, que cette société politique, *qui est œuvre de raison*, n'a pas encore réussi à engendrer une communauté supranationale canadienne et un sentiment d'appartenance généralisé à cette communauté.

En se référant à ces même catégories, on peut aussi décrire le Québec moderne comme une «société distincte au sein du Canada» qui regroupe une communauté majoritaire francophone et des communautés minoritaires anglophone et autochtones, et constater, toujours avec Dumont, que cette société politique distincte, *qui est elle aussi œuvre de raison*, n'a pas réussi encore à engendrer une communauté supranationale québécoise et un sentiment d'appartenance généralisé à cette communauté à l'intérieur du grand ensemble canadien.

---

20. J. et R. MARITAIN, *Œuvres complètes*, t. IX, Fribourg/Paris, Études universitaires/Éditions Saint-Paul, p. 483-485.

J'irai plus loin. Si, comme l'a proclamé Maritain bien avant Joe Clark, la nation est bel et bien «une communauté de communautés[21]», on peut même affirmer que non seulement le Canada, mais aussi le Québec, sont des sociétés politiques qui aspirent à devenir en même temps des nations (des communautés de communautés), la canadienne se donnant pour objectif d'englober sans la nier la québécoise, et la québécoise ambitionnant de faire de même pour ses communautés autochtones et anglophone. Mais pour longtemps encore, l'édification d'un Québec national comme d'un Canada multinational demeurera affaire de raison et d'association (de partenariat) avant de devenir affaire d'émotion et d'appartenance quasi instinctive à une patrie commune.

En somme, pourvu qu'on précise au départ l'engagement du Québec de respecter les droits collectifs de ses minorités historiques, on peut parler indifféremment de société distincte ou de nation civique de langue commune française et de «raisons communes» libérales et démocratiques. Mais il faut être conscient qu'on pratique alors une notion revue et corrigée de la nation civique, et que la chose ne va pas de soi.

Par sa nature même, la nation civique est, en effet, républicaine. Elle repose sur la libre adhésion des individus à un État de droit, et sa visée, répétons-le, est essentiellement

---

21. *Ibid.*, p. 487. Pour discréditer la notion de «communauté de communautés», mal défendue par M. Clark, M. Trudeau la décrivait comme une «communauté de centres d'achats». Sans s'en rendre compte, il nous décrivait ainsi le genre de Canada atomisé et anomique que le libéralisme individualiste des chartistes et des avocats d'une économie de marché mur à mur sont en train de nous fabriquer.

unitaire[22], car au nom de l'égalité de droit de tous les citoyens, elle refuse, dans sa forme française aussi bien qu'américaine, de reconnaître tout droit collectif aux communautés minoritaires, même fondatrices, qui composent «la» nation.

Cela dit, pour que la société québécoise puisse intégrer ses communautés minoritaires et devenir, pour les anciens comme pour les nouveaux Québécois, une société d'accueil dont la langue commune soit le français, et que les «raisons communes» soient libérales et civiques, elle doit et elle devra encore longtemps, à cause de son statut minoritaire en Amérique, imposer à ses membres, par une règle de droit, des contraintes linguistiques et culturelles que d'autres sociétés peuvent se contenter d'imposer en toute bonne conscience par simple pression sociologique.

---

22. En fait, la nation civique est amie du «melting pot». C'est donc un concept qu'on ne peut appliquer sans correctif au projet supranational canadien des Cartier-McGee ou au projet supranational québécois des Dumont, Balthazar, Laforest, Turp, Latouche *et al.* Le concept de société convient davantage, car il n'a pas cette connotation unitaire. C'est un concept qui évoque le pluralisme, l'association plutôt que la fusion. Voilà pourquoi, pour permettre au Québec de prendre le tournant de la modernité, André Laurendeau, la Commission Pepin-Robarts et la Commission Macdonald proposaient de lui reconnaître le statut de société distincte au sein du Canada. À la limite, le concept de peuple, non pas au sens de nation ethnique mais au sens lincolnien de société politique, pourrait convenir. Mais les glissements du sens lincolnien au sens ethnique seraient d'autant plus difficiles à éviter qu'on parle indifféremment au Canada des premières nations ou des peuples autochtones. Comme on le voit, les mots ne sont jamais innocents. Et si les Québécois francophones acceptent volontiers l'idée d'objectifs et de normes communes canadiennes mais se sentent «fusionnés» contre leur gré par les normes «nationales», les appels à «la» nation et le «nous le peuple du Canada» que leur proposait M. Trudeau en 1981, ils devraient comprendre qu'il en va de même pour les anglophones et les allophones du Québec face au vocabulaire nationaliste québécois.

*Droit à la différence et gestion du bien commun canadien*

Toute la question est donc de savoir si au nom d'un libéralisme à l'américaine, ou d'un républicanisme à la française, le reste du Canada s'accrochera à une conception de l'égalité niveleuse du droit à la différence des communautés fédérées, ou s'il s'ouvrira au contraire à une égalité fondée sur l'équivalence de droit et de traitement (*vs* l'identité de droit et de traitement) pour assurer un *level playing ground* entre francophones et anglophones, et permettre l'édification d'une véritable société distincte québécoise (d'une véritable «communauté de communautés» québécoise) au sein de la fédération canadienne.

Toute la question est aussi de savoir si le Québec acceptera de garantir la viabilité et la cohérence d'un Canada respectueux du droit à la différence et de l'autonomie de ses communautés fédérées en venant codécider à l'européenne, au sein d'un Conseil des premiers ministres responsable et transparent, les objectifs et les normes communes MINI-MUMS nécessaires à la consolidation de l'union économique et sociale entre Canadiens face aux pressions du libre-échange et de la concurrence internationale.

Ceux et celles qui ont lu *Le mal canadien* connaissent mes convictions et mes espoirs à ce chapitre.

Si admiratif que je sois face à l'expérience européenne, je ne peux que prendre acte des blocages nationaux de la CEE, du déficit démocratique de ses institutions et de son incapacité congénitale à peser de tout son poids en politique internationale. Et je ne crois pas que la CEE ait jusqu'à présent trouvé mieux que le fédéralisme à la canadienne ou à la suisse (vs à l'américaine) pour équilibrer le juste besoin d'intimité culturelle des peuples et des communautés humaines et le non moins juste besoin de gérer *efficacement et en toute justice* les mises en commun économiques, sociales et politiques nécessaires à la solution des problèmes de plus en plus globaux de la planète.

Qui plus est, contrairement à Fernand Dumont, je n'ai pas désespéré du Canada et je crois toujours à la possibilité de moderniser le Pacte confédératif de 1867 pour en arriver à une solution sans perdants du problème canadien. Cette solution repose, à mon avis, sur la logique de négociation suivante: la reconnaissance du droit à la différence du Québec, des peuples autochtones et des diverses régions du pays, en même temps que le respect de la décentralisation des pouvoirs nécessaire à l'exercice de ce droit, *en échange* d'une consolidation de l'union économique et sociale canadienne qui lierait en toute légitimité les partenaires de la fédération, parce qu'elle serait librement codécidée à l'européenne au sein d'un Conseil de premiers ministres, et non plus imposée à coup d'argent par le Parlement fédéral dans les champs de compétence provinciale.

J'ai tenté de décrire sommairement, dans le deuxième chapitre de ce fascicule, comment un tel projet pourrait être concrétisé dans les mois et les années qui viennent. Reste à trouver en nous le courage et la lucidité nécessaires à une authentique modernisation du contrat social et politique canadien de 1867. Reste aussi à trouver, au Québec et hors Québec, des leaders politiques capables d'habiter le «rêve canadien» des Cartier et des McGee, et de réinventer notre façon de vivre le fédéralisme dans la fidélité à notre histoire en même temps qu'au génie planétaire de notre temps.

# TABLE

## Collection GRANDES CONFÉRENCES

Créée par le Musée de la civilisation à Québec,
la collection «Grandes conférences» regroupe également
des textes de conférences prononcées en d'autres lieux
(voir dans la liste qui suit les titres marqués d'un astérisque).

ROLAND ARPIN
*Une école centrée sur l'essentiel* *

BERTRAND BLANCHET
*Quelques perspectives pour le Québec de l'an 2000*

ANDRÉ BURELLE
*Le droit à la différence à l'heure de la globalisation* *

PIERRE DANSEREAU
*L'envers et l'endroit*

JOËL DE ROSNAY
*L'écologie et la vulgarisation scientifique*

JACQUES T. GODBOUT
*Le langage du don*

GISÈLE HALIMI
*Droits des hommes et droits des femmes*

NANCY HUSTON
*Pour un patriotisme de l'ambiguïté* *

ALBERT JACQUARD
*Construire une civilisation terrienne*

CLAUDE JULIEN
*Culture: de la fascination au mépris*

HENRI LABORIT
*Les bases biologiques
des comportements sociaux*

MONIQUE LARUE
*L'arpenteur et le navigateur* *

JEAN-FRANÇOIS MALHERBE
*L'incertitude en éthique* *

BENOÎT MELANÇON
*Sevigne@Internet* *

LISE PAYETTE
*Le chemin de l'égalité*

ILYA PRIGOGINE
*Temps à devenir*

IGNACIO RAMONET
*Nouveaux pouvoirs,
nouveaux maîtres du monde*

JOHN SAUL
*Le citoyen dans un cul-de-sac?*

MICHEL SERRES
*Les messages à distance*

Achevé d'imprimer
en octobre 1996
sur les presses de
Imprimerie H.L.N.

*Imprimé au Canada – Printed in Canada*